DU TARIF

DES

DROITS DE PÉAGE

DU

PONT SUSPENDU SUR LA GARONNE,

AU PORT-DE-PASCAU.

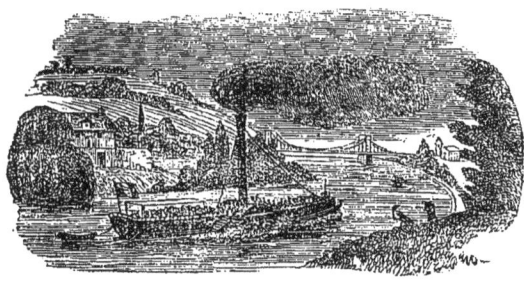

AGEN,

IMPRIMERIE DE PROSPER NOUBEL.

1843.

DU TARIF

DES

DROITS DE PÉAGE

DU

PONT SUSPENDU SUR LA GARONNE,

AU PORT-DE-PASCAU,

ÉTABLI PAR L'ORDONNANCE ROYALE DU 2 MAI 1841.

———

Que faut-il entendre, dans ce tarif, par **CHARRETTE ORDINAIRE DE CAMPAGNE ?**

———

Sérieusement intéressés au redressement d'une erreur qui pèserait sur eux durant la longue jouissance des concessionnaires du Pont, les propriétaires des communes limitrophes ont déjà, mais en vain, réclamé contre une application trop onéreuse du Tarif. Nous croyons leur venir en aide [en publiant, accompagnées de quelques notes et de quelques documents, une lettre qui précise la difficulté et la réponse du Conseil auquel elle a été soumise.

Aiguillon, le 25 Octobre 1843.

AVIS DES ÉDITEURS.

AGEN,

IMPRIMERIE DE PROSPER NOUBEL.

————

1843.

DU TARIF

DES

DROITS DE PÉAGE

DU

PONT SUSPENDU SUR LA GARONNE,

AU PORT-DE-PASCAU.

Aiguillon, le 10 *Août* 1843.

MONSIEUR,

Sans trop présumer de moi-même, je croyais savoir ce que c'était qu'une *charrette ordinaire de campagne* dont je me sers chaque jour; et, au besoin, je me serais offert à vous l'expliquer. Je serais cependant bien en défaut, d'après les préposés du pont du Port-de-Pascau. — Dernièrement je passai le pont, portant sur ma charrette des engrais de ma ferme à mon champ, et je ne payai que la taxe d'une *charrette ordinaire de campagne*. — Le lendemain, je fis le même trajet, portant encore à mon champ des engrais que j'avais achetés à mon voisin; et cette fois

1

ma charrette, attelée comme la veille d'une paire de vaches, fut érigée en *voiture de roulage* ou *de marchand;* je payai donc, non sans me récrier, 85 centimes au lieu de 25. — Peu de jours après, je voulus passer avec la même charrette à vide, et je présentai 25 centimes. — *Où allez-vous?* me dit la sentinelle du tarif. — *Que vous importe!* répondis-je; — *c'est une charrette ordinaire de campagne : prenez et laissez-moi passer.* — *Expliquez-vous,* répliqua le préposé, *car le but de votre voyage importe beaucoup à ma caisse.* --- Et comme j'allais faire ma provision d'échalas pour mes jeunes vignes, je dus payer 85 centimes, comme pour *une voiture de roulage.*

Ne comprenant rien à toutes ces métamorphoses, je m'adressai à quelques propriétaires, réclamant leur assistance pour débrouiller cette grande difficulté. Je les trouvai tout aussi embarrassés que moi. Ils m'exposèrent fort nettement les prétentions des concessionnaires du pont; mais, les motifs qui devaient les légitimer, restaient pour eux un mystère. — D'après les concessionnaires, me dirent-ils, la *charrette ordinaire de campagne* n'aurait ce caractère qu'autant qu'elle serait employée *à la culture des terres, au transport des récoltes et à l'exploitation des fermes,* c'est-à-dire *au transport des engrais, aux relations obligées de la ferme aux champs et des champs à la ferme; au transport des objets récoltés depuis le lieu où ils sont recueillis jusqu'à celui où, pour les conserver, le cultivateur les dépose ou les rassemble.* Hors de là, la *charrette ordinaire de campagne* ne serait qu'une *voiture de roulage.* — Ainsi, le cultivateur ne ferait-il arriver les produits de ses champs à sa demeure, séparée de sa ferme, qu'après les avoir conservés plus ou moins long-temps dans sa ferme; ainsi, userait-il de sa charrette pour transporter de la ferme à la ville les denrées destinées à la consommation ou au commerce, pour porter son blé au moulin, pour se procurer les matériaux nécessaires à de simples réparations d'entretien, pour tout autre usage habituel ou domestique : dans ces cas et dans tous les autres, la charrette cesserait d'être *charrette ordinaire de campagne*; elle deviendrait *voiture de roulage*, et devrait payer comme telle.

Tout cela serait fondé, dit-on, sur les lois relatives à la police du roulage, auxquelles les rédacteurs des tarifs *n'auraient pas eu, n'auraient pas pu avoir l'intention de déroger.* Il n'y aurait de charrette *agricole* que celle qui servirait actuellement aux besoins de l'agriculture, selon les distinctions qui précèdent. On convient bien que *la prétention des propriétaires aurait quelque chance d'être admise*, si le tarif seul devait servir de règle. Mais les lois sur la police du roulage diraient le contraire, et ces lois devraient prévaloir. *Ce serait dans les réglements généraux sur la police du roulage, qu'il faudrait chercher le sens exact des diverses dénominations des tarifs; ces réglements devraient fournir la solution.* [1]

Voilà, Monsieur, la question telle que j'ai su la comprendre. Seriez-vous assez bon pour nous en dire votre avis, et pour nous indiquer aussi le moyen d'avoir raison de la prétention des concessionnaires, si nous ne devions pas la subir.

Je joins à ma lettre un exemplaire du tarif [2], et j'attends quelques renseignements que je m'empresserai de vous transmettre. Vous connaissez assez la localité pour suppléer, au besoin, à l'insuffisance de mon exposé.

Agréez, etc.

---

[1] Pour la législation du roulage et quelques-unes de ses applications, *voyez :* La loi du 7 ventôse an 12; — les décrets du 23 juin 1806 et du 3 mai 1810; — diverses ordonnances du Roi en Conseil d'Etat, sous les dates du 28 juillet, 20 octobre 1819, 20 mai 1829, 6 janvier 1837, 20 août 1840, 15 juillet 1841, etc.; — une instruction du directeur des ponts-et-chaussées, du mois de juin 1806; — Garnier, *Traité des chemins*, pag. 217; — Cormenin, *Droit administratif*, V° *Voirie*, tom. 2, pag. 481, édit. de 1840; — Chevalier, *Jurisprudence administrative*, V° *Voirie*, pag. 482, etc.

[2] Voyez *Pièces justificatives*, § 1er, n° 20.

RÉPONSE.

Bézis, le 11 Octobre 1843.

MONSIEUR,

Vous me pardonnerez, si j'ai pris un peu de temps pour répondre à une question dont je comprends encore à peine la difficulté, tant les termes du tarif sont, à mes yeux, concluants. Sans aucune distinction de l'usage qu'on en fera, le tarif du Port-de-Pascau taxe la *charrette ordinaire de campagne chargée* ou *non chargée*. Ce tarif est la loi des concessionnaires et des propriétaires ; et dans cette loi, pas plus que dans les autres, il ne saurait être permis de créer des distinctions quand le texte ne distingue pas. C'est une des règles les plus sûres d'interprétation.

Peut-être, Monsieur, devrais-je me borner à cette observation qui répond à tout dans sa simplicité. Il est vrai que par les concessionnaires sont invoqués comme décisifs, comme *devant fournir la solution,* les lois et les réglements sur la police du roulage ; mais on pourrait attendre que leur argument développé se produisît avec plus d'autorité qu'une allégation ; et, s'ils essayaient d'y donner plus de consistance, il serait assurément facile de les convaincre d'erreur.

Cependant vous êtes désireux de savoir ce que pourrait leur offrir de ressources la législation du roulage. Il ne tiendra pas à moi, Monsieur, que vous ne soyez satisfait.

Je ne relèverai point, pour en déterminer le sens, les termes de *charrette agricole* que je lis dans votre lettre. Comme ce ne sont pas ceux du tarif, toute étude de leur acception serait sans aucun fruit.

Je ne parlerai pas davantage de la composition de l'attelage. Si dans vos contrées l'attelage des *voitures de roulage et de marchand* diffère habituellement de celui des *charrettes de campagne*, il pourrait être, et il est quelque fois le même. Or, dans un caractère qui pourrait leur être plus souvent commun, ne saurait se trouver la raison de différence.

Que doit-on entendre par *charrette ordinaire de campagne?* — Voilà donc toute la question.

De cette dénomination, comme de toutes celles que présentent les divers tarifs, il faudrait, selon les concessionnaires, *chercher le sens exact dans les règlements généraux sur la police du roulage.*

Ainsi des dénominations de *charrette de campagne, charrette ordinaire de campagne, charrette locale, charrette du pays, charrette ordinaire du pays, chariot de ferme* [1], et de bien d'autres encore qu'on trouve dans les tarifs, les réglements précités devraient nous révéler *le sens exact*; ils répondraient à tout. Voyons donc ces règlements.

Les seuls qu'il soit utile de consulter, parce qu'ils ont servi de base à tous les autres, sont la loi du 7 ventôse an 12, le décret du 23 juin 1806, et celui du 3 mai 1810.

La loi du 7 ventôse, qui détermine la largeur des jantes pour les roues des voitures de roulage attelées de plus d'un cheval, *excepte de ses dispositions*, par son art. 8, *les voitures employées à la culture des terres, au transport des récoltes, et à l'exploitation des fermes.* L'art. 8 du décret du 23 juin rappelle cette exception, et dans les mêmes termes. Le décret du 3 mai en fait l'application à un cas particulier.

Maintenant, Monsieur, je vous laisse à penser ce qu'il y a de commun entre les termes de cette loi, de ces décrets, et les diverses dénominations que j'ai extraites d'une foule de tarifs.

---

[1] Voy. *Pièces justificatives,* § 1er, nos 15, 16, 17, 18, 21, etc.

Le langage de la législation du roulage étant différent de celui des tarifs, leur sens serait-il du moins
le même ?

Pour en juger il faut un terme de comparaison ;
de même que, pour juger du rapport de deux quan-
tités, il faut une commune mesure. Or, ce terme de
comparaison ne peut être que dans la valeur des expressions ; et certainement, les dénominations de
*charrette de campagne, charrette locale, charrette du
pays, chariot de ferme, etc.*, sont loin d'impliquer
l'idée d'une charrette EXCLUSIVEMENT *employée à la
culture des terres, au transport des récoltes et à l'exploitation des fermes.*

Ce n'est donc pas dans la législation du roulage
qu'il faut chercher le sens des diverses dénominations
des tarifs. La législation du roulage ne tient aucun
compte de la nature de la charrette ; elle n'a égard
qu'à l'emploi. Ne s'occupant aucunement de l'emploi,
le tarif du Port-de-Pascau et ceux dont je viens de
reproduire les termes, s'attachent à la nature de la
charrette. Le point de vue n'est donc pas le même ;
les expressions sont entièrement différentes. Où est
la preuve que le sens soit identique ?

Les concessionnaires donneraient-ils une autre
forme à leur argument, et diraient-ils : « — Dans le
« sens de la législation du roulage, tout est voiture
« de roulage, moins les charrettes employées à l'ex-
« ploitation des fermes. — Dans le tarif du Port-de-
« Pascau, tout est donc frappé de la taxe fixée pour
« les voitures de roulage, moins les charrettes em-
« ployées à l'agriculture ? »

Selon ce raisonnement, 1° la dénomination de
voiture de roulage aurait, dans les tarifs, un sens aussi
étendu que dans la législation du roulage, et aussi
limitées seraient les exceptions, *quels qu'en fussent
les termes* ; 2° deux catégories seulement de charrettes
existeraient dans les tarifs comme dans les lois sur le
roulage : *les voitures de roulage* et les *charrettes em-*

*ployée*s aux relations obligées de la ferme aux champs
et des champs à la ferme ; 3° les voitures de roulage
étant taxées, toutes les autres charrettes devraient subir la même taxe, de quelque manière qu'elles fussent désignées ; la modération de taxe ne s'applique-
rait jamais, *nonobstant les termes des tarifs*, qu'aux
charrettes employées à l'exploitation des fermes ; 4°
enfin, il n'y aurait pas lieu de s'occuper du sens des
dénominations de *charrette de campagne, charrette locale,
charrette du pays, chariot de ferme, etc.*; on devrait
n'en tenir aucun compte, on pourrait les supprimer!

Ces conséquences vous paraissent étranges! Elles
sont cependant rigoureusement déduites du raisonnement des concessionnaires. Que faire, dès-lors,
d'un principe qui conduirait à de tels résultats?

Avant de combattre ces diverses propositions, je
veux opposer un raisonnement à celui des concessionnaires. Vous jugerez, Monsieur, lequel des deux
est de meilleur aloi. « Dans le sens de la législation
« de roulage, tout est voiture de roulage, moins ce
« qui est compris dans l'exception. Dans le tarif du
« Port-de-Pascau, tout est *voiture de roulage et de
« marchand*, moins les charrettes comprises sous la
« dénomination de *charrette ordinaire de campagne*,
« qui formera, si l'on veut, l'exception. Pour savoir
« ce qui reste sous la règle, il faut donc mesurer
« l'étendue de l'exception. Si dans le tarif l'exception
« est la même que dans la législation du roulage, les
« mêmes voitures resteront placées sous la règle ; si
« l'exception est différente, la règle sera différem-
« ment modifiée. Ce qu'il faut soigneusement recher-
« cher, c'est donc l'étendue de l'exception. Donc,
« pour les charrettes taxées autrement que les *voi-
« tures de roulage et de marchand*, les dénominations
« des tarifs ne sont pas à dédaigner ; tout dépend,
« au contraire, du sens de ces dénominations. »

Pensez-vous maintenant, Monsieur, qu'il soit rai-
sonnable de se rallier à la prétention des concession-

naires en ce qui touche les *charrettes ordinaires de campagne*, les *charrettes locales*, les *charrettes du pays*, les *chariots de ferme*, etc., de ne tenir aucun compte de ces dénominations des tarifs?

Je reviens aux conséquences du système des concessionnaires.

Si ces mots : *voiture de roulage*, avaient un sens aussi étendu dans le tarif du Port-de-Pascau, dans celui du Port-Sainte-Marie et dans bien d'autres, que dans la législation du roulage, pourquoi ces tarifs parleraient-ils en même temps des *voitures de marchand*; pourquoi diraient-ils : *voitures de roulage et de* MARCHAND? [1] Est-ce que les *voitures de marchand* sont des voitures employées à l'exploitation des fermes? Et, selon la législation du roulage, les *voitures de marchand* ne seraient-elles donc pas comprises sous la dénomination de *voitures de roulage?* Si des tarifs en font mention expresse, c'est donc que les mots *voiture de roulage* y ont une acception moins étendue que dans la loi de l'an 12 et dans les deux décrets qui l'ont suivie. Sorti que l'on est de la législation du roulage, on doit donc avoir égard aux dénominations des tarifs, en apprécier la portée.

Dans un instant, Monsieur, nous serons bien plus loin de cette législation; et, par l'étude de divers tarifs, vous verrez combien peu leurs rédacteurs ont voulu tout réduire à deux catégories dont l'une se composerait des charrettes *employées* aux relations obligées de la ferme aux champs et des champs à la ferme; et l'autre, sous la dénomination de *voitures de roulage*, embrasserait toutes les voitures de transport que les lois sur le roulage laissent en dehors de leur unique et si précise exception.

Le tarif du pont de Meaux exempte du droit de

---

[1] Voy. *Pièces justificatives*, § 1er, nos 11, 12 et 15, etc.

péage *tous les habitants de la ville et des faubourgs de Meaux , passant à pied , et leurs chevaux et voitures de travail , lorsque ces voitures et chevaux ne seront pas employés au gros roulage et ne serviront qu'au transport des produits du sol , à l'exploitation des terres et carrières et à l'approvisionnement de la ville ou à l'enlèvement de ses immondices , et au débouché des produits de son industrie.* [1]

Le tarif du pont de Nevers taxe à *cinq* centimes le *tombereau rentrant chargé de sable* , et à *quinze* centimes le *tombereau rentrant avec un chargement autre que du sable.* [2] Aux termes de ce même tarif, modifié par une seconde ordonnance, *toutes les voitures agricoles ayant leur chargement de foin , paille , avoine , d'orge , de légumes , de blé , de bois de chauffage pour l'approvisionnement de la ville , sont exemptes du droit de passage, à l'entrée comme à la sortie, toutes les fois qu'elles sortent le même jour à vide ou avec le même chargement. Les pataches conduisant du blé à Nevers sont exemptes du droit de péage seulement à l'entrée.* [3]

Le tarif des bacs et bateaux sur l'Isère distingue des autres charrettes , pour lui accorder une modération de droits , la charrette chargée , employée au transport des engrais , des semailles , des *échalas* , des récoltes, etc. [4]

Or , ces distinctions , celles encore dont je vais bientôt parler , tant d'autres qu'on trouve dans les tarifs , dérivent-elles des lois sur la police du roulage ?

Si ces lois devaient servir de règle même en matière de tarifs , il faudrait convenir du moins que les exceptions ne seraient pas si insolites qu'on ne fut autorisé à en voir une de plus dans le tarif du Port-

---

[1] Ordonn. du Roi, du 8 juin 1820.
[2] Ordonn. du Roi, du 17 janvier 1827.
[3] Ordonn. du Roi, du 13 février 1828.
[4] Ordonn. du Roi, du 5 novembre 1834.

de-Pascau ; ou plutôt il faudrait convenir que la règle aurait succombé sous les exceptions , et que , dès-lors, il ne serait pas exact de dire *qu'en rédigeant ce tarif ou tout autre , on n'a pas eu ,* ON N'A PAS PU AVOIR *l'intention de déroger aux lois , décrets et ordonnances sur le roulage.*

Mais il faut reconnaître que toutes ces distinctions ne dérogent en rien aux lois sur le roulage , parce qu'elles leur sont étrangères. Des lois qui ont un objet différent ne dérogent pas les unes aux autres ; elles sont comme deux lignes parallèles qui ne sauraient jamais se croiser. La législation du roulage réside principalement dans la loi et dans les décrets précités. Celle des tarifs prend sa source dans la loi du 14 floréal an 10 , dont diverses lois postérieures ont reproduit et confirmé le principe. [1] L'article 11 de cette loi confère au gouvernement le droit d'autoriser l'établissement des ponts dont la construction est entreprise par les particuliers , de déterminer la durée de leur jouissance , *et de fixer le tarif de la taxe à percevoir sur ces ponts.* Or , nulle part il n'est dit que , dans la fixation de ce tarif , le gouvernement prendra pour base les lois sur le roulage. Selon l'évaluation des travaux à exécuter ; selon les espérances que peut donner un passage plus ou moins fréquenté ; selon les avantages légitimes qu'il convient d'offrir aux capitalistes pour appeler leur concours ; selon la mesure de facilités qu'il est équitable de laisser à la propriété, aux débouchés de ses produits , aux approvisionnements des villes et des marchés voisins , aux rapports multipliés des communes limitrophes ou des sections de communes , aux industries locales , aux transports usuels et domestiques ; selon qu'il s'agit de frapper d'une juste contribution un commerce fructueux, ou des entre-

---

[1] Voy. les lois du 7 juillet 1833, art. 3 ; — du 3 mai 1841 , art. 3 , — et les lois annuelles des recettes.

prises vastes et lucratives pour lesquelles quelques
taxes de plus dans un long trajet ne sont pas une
augmentation sensible de charges ; selon mille autres
circonstances encore, le gouvernement élève, modère
les droits, ou en affranchit complétement. Voilà la
règle ; il n'en connaît point d'autre. Les tarifs si
variés sont là pour l'attester. Or, entre cette règle
élastique, qui se prête à tous les besoins et à toutes
les convenances, et la règle inflexible posée par la
législation du roulage, il n'existe évidemment aucune
relation *nécessaire* : et, dès-lors, on ne comprend
pas la *nécessité* d'aller puiser dans ces lois l'interprétation des tarifs.

Sans doute, dans ces lois comme dans toutes les
autres, on peut chercher le sens des termes identi-
ques ou semblables employés ailleurs par le législa-
teur, et, pour certains tarifs, il doit en être ainsi ;
mais, quand les termes sont différents, serait-il
permis d'en faire fléchir le sens naturel en prétextant
de la *nécessité* d'une relation qu'on est dans l'impos-
sibilité d'établir. — Ce n'est pas tout encore.

Après avoir fixé pour les *charrettes ordinaires de
campagne* et pour les *chariots de ferme* une taxe spéciale, différente de celle des *voitures et des chariots
de roulage*, un grand nombre de tarifs modèrent les
droits pour ces mêmes charrettes et chariots quand
ils sont employés aux besoins de l'agriculture. Ainsi,
les tarifs des ponts de Laubardemont, de Guîtres,
de Montpont, de Juigné, portent : « Il ne sera
« payé que la moitié des droits, *ou* les droits seront
« réduits à moitié pour les bestiaux allant au pâtu-
« rage ou employés au labour, ainsi que pour les
« voitures servant au transport des récoltes et des
« engrais. » [1] Celui de Labarthe : « Lorsque les
« charrettes ordinaires de campagne seront chargées

---

[1] Voy. *Pièces justificatives*, § 1er, nos 3, 6, 13.

« d'engrais pour les terres, ou transporteront des
« gerbes de blé ou de foin en rame, depuis les
« champs ou les prés jusqu'à la ferme, dans les com-
« munes où se trouvera construit le pont, elles ne
« paieront, pour l'aller et le retour, conducteur
« compris, que o francs 10 c. » [1] Celui de Vic-le-
Comte : « Pour le passage d'une charrette employée
« au transport des engrais ou à la rentrée des récol-
« tes, le cheval ou deux bœufs et le conducteur
« compris, o francs 10 c. » [2] Celui de Rabastens :
« *Idem*, employée au transport des engrais ou à la
« rentrée des récoltes, attelée d'un cheval ou mulet,
« ou deux bœufs et le conducteur compris, chargée
« ou non chargée, o francs 15 c. » [3] Celui de Belleperche : « Pour une charrette ou chariot de ferme
« chargé, employé au transport des engrais ou à la
« rentrée des récoltes, le cheval ou deux bœufs et
« le conducteur compris, o fr. 5o c. » [4] Celui de
Verdun : « Pour charrette ou chariot de ferme,
« chargé, employé au transport des engrais ou à la
« rentrée des récoltes, attelé d'un cheval ou mulet
« ou de deux bœufs, conducteur compris, o fr.
« 5o c. » [5]

Il est donc bien évident que les mots *charrette ordinaire de campagne* n'ont pas le sens limité des termes
si différents de la loi de l'an 12; il est évident qu'ils
ont un sens plus large; qu'ils désignent la nature de
la charrette et non pas son emploi actuel; que cet
emploi, quelqu'il soit, et quel que soit l'attelage,
ne la transforme pas en charrette de roulage; que la
même charrette, enfin, n'est pas tour à tour *voiture
de roulage et charrette ordinaire de campagne.*

---

[1] Voy. *Pièces justificatives*, § 1er, no 4.
[2] Voy. *Pièces juetificatives*, § 1er, no 8.
[3] Voy. *Pièces justificatives*, § 1er, no 11.
[4] Voy. *Pièces justificatives*, § 1er, no 18.
[5] Voy. *Pièces justificatives*, § 1er, no 21.

Aussi lorsque les tarifs veulent distinguer des autres charrettes celles qui sont employées à la culture des terres ou à des usages spéciaux, ils ne se contentent pas de dire *charrette ordinaire de campagne*; et, s'ils se servent d'abord de cette dénomination si générale pour faire connaître la nature de la charrette, ils en restreignent aussitôt le sens par d'autres expressions, pour indiquer dans quelle circonstance ils entendent accorder à cette charrette une modération de droits. Ainsi, dans les tarifs de Clairac, de Libos, de Marmande, de Penne, de Fumel, de Vianne, etc., on lit : « charrettes ordinaires de campa- « gne servant à l'agriculture et aux charretiers de la « ville [1] »; dans ceux de Sainte-Foy, de Castillon, etc. : « charrettes ordinaires de campagne ser- « vant à l'agriculture et aux charretiers de la ville et « du port [2] »; dans ceux de Saint-Jean-de-Blagnac, de Saint-Denis-de-Pile : « voitures de cam- « pagne non suspendues, employées au transport des « engrais ou à la rentrée des récoltes [3]. » Quelques tarifs, ceux entr'autres de Périgueux, de La Trache, traduisent plus succintement la même idée par ces mots *charrette servant à l'agriculture* [4]. La plus part, tels que celui de Nogent-l'Artaud, parlent expressément des *charrettes employées au transport des engrais ou à la rentrée des récoltes* [5].

Ainsi, pour les rédacteurs des tarifs, et pour le gouvernement qui les révise et les sanctionne tous, la dénomination de *charrette ordinaire de campagne* ne présente pas le sens d'un emploi limité au trajet de la ferme aux champs et des champs à la ferme.

Quand les tarifs parlent de l'emploi, ils entrent

[1] Voy. *Pièces justificatives*, § 1er, no 7.
[2] Voy. *Pièces justificatives*, § 1er, no 2.
[3] Voy. *Pièces justificatives*, § 1er, nos 10 et 19.
[4] Voy. *Pièces justificatives*, § 1er, nos 5 et 23.
[5] Voy. *Pièces justificatives*, § 1er, no 22.

dans le système des lois sur le roulage ; quand ils modèrent les droits en faveur des charrettes servant à l'agriculture, des charrettes employées au transport des engrais et à la rentrée des récoltes, ils ont manifestement en vue l'exception introduite, en faveur de l'agriculture, dans les lois sur le roulage ; et je conçois alors que, de cette exception, on cherche dans ces lois l'étendue et les limites. Mais si, dans ce cas, les lois sur les roulage doivent servir de règle, peut-il en être de même quand les tarifs ne parlent que de la *nature* de la charrette sans s'occuper de son *usage* ; et quand, entre la *nature* et *l'usage*, il est si peu permis de confondre qu'après avoir fixé une taxe pour la *charrette ordinaire de campagne*, c'est-à-dire, après l'avoir taxée à raison de sa *nature*, un grand nombre de tarifs taxent ensuite celte même charrette d'une manière différente à raison de son *usage*, en modérant le droit en faveur de la *charrette ordinaire de campagne* EMPLOYÉE *au transport des engrais et à la rentrée des récoltes ?* Faudrait-il interpréter par les mêmes lois deux paragraphes si différents du même tarif ? Mais alors, Monsieur, vous le voyez, on arriverait à confondre ce que les rédacteurs des tarifs ont très-clairement distingué : *la charrette de campagne et la charrette* EMPLOYÉE *aux besoins de l'agriculture.*

Vous aurez remarqué, Monsieur, que plusieurs des tarifs dont je viens de rapporter les termes modèrent les droits, non seulement en faveur des *charrettes ordinaires de campagne* EMPLOYÉES *à l'agriculture*, mais encore en faveur des *mêmes charrettes servant aux charretiers de la ville et du port.* Une *charrette de campagne* ne perd donc pas son caractère propre, pour devenir *voiture de roulage*, bien qu'elle soit affectée à ce qui est considéré comme un service de roulage par la loi de l'an 12 et par une jurisprudence constante [1]. Si une telle charrette perdait son carac-

---

[1] Voy. *Suprà*, note 1re de la page 3.

tère lorsqu'elle serait distraite des besoins de l'agriculture, en parlant des charrettes employées au service de la ville et du port, les tarifs auraient supprimé les mots *ordinaire de campagne*; ils auraient dit simplement *charrette servant aux charretiers de la ville et du port.* Un autre langage eût été un véritable contresens; car, s'il n'y avait de *charrette de campagne* que celle qui servirait aux besoins de l'agriculture, celle qui serait employée à un autre usage ne pourrait conserver cette dénomination *essentiellement* exclue par sa destination.

La taxe fixée pour les *charrettes ordinaires de campagne* doit donc toujours rester la même quel que soit leur emploi, sauf le cas où le gouvernement a modéré les droits pour quelques usages de faveur. Cette modération de droits est l'exception ; tout le reste tombe sous la règle ; et, dans les tarifs qui ne présentent pas d'exception, la règle doit être suivie sans exception, comme elle doit l'être dans les autres pour tous les cas qui n'en sont pas exceptés. La modération des droits dans les cas exceptés, voilà donc toute la différence qui existe entre le tarif du Port-de-Pascau et ceux dans lesquels on a réduit, en faveur de certains usages, la taxe d'abord fixée pour les charrettes ordinaires de campagne; sans réduction aucune, sera payée la taxe des *charrettes de campagne,* alors même qu'elles seront appliquées aux besoins de l'agriculture ; c'est tout ce que peuvent exiger les concessionnaires du pont du Port-de-Pascau.

La comparaison de divers tarifs avec celui du Port-de-Pascau ne permet pas d'induire de la taxe de la *charrette de campagne* qu'on n'ait eu en vue que la charrette *employée* à l'agriculture. Pour la même charrette, les tarifs de Laubardemont, de Guîtres, de Labarthe, de Montpont, de Vic-le-Comte, et bien d'autres, sont aussi modérés ; [1] et, dans ces tarifs,

---

[1] Voy. *Pièces justificatives,* § 1er, nos 3, 4, 6, 8.

cependant, l'équivoque n'est pas possible, puisque la taxe des charrettes employées au transport des engrais et à la rentrée des récoltes, est encore plus modérée. Il est même à remarquer que, dans les tarifs précités, la taxe des voitures de roulage ne diffère pas notablement de celle du tarif du Port-de-Pascau; et que, dès-lors, dans ce dernier tarif, la taxe des charrettes ordinaires de campagne est relativement aussi élevée que dans un grand nombre d'autres. Ainsi, en fait, il n'existe point de base pour cet argument pris de la modération des droits.

Cet argument serait d'ailleurs sans valeur, quand on s'expliquerait si facilement pourquoi on aurait voulu se montrer favorable à des communications locales de tous les instants. Sans aucun profit, peut-être, pour les concessionnaires, des taxes onéreuses rendraient ces communications plus rares; et, certes, quand les communes d'Aiguillon et de Damazan s'imposaient une subvention de 15,000 fr., il n'était dans la pensée de personne que des droits immodérés dussent rendre ce sacrifice sans compensation.

Ce que le tarif du Port-de-Pascau nomme *charrette de campagne*, est appelé dans d'autres *charrette du pays*, *charrette ordinaire du pays*, *charrette locale*, etc. [1] Ces diverses dénominations sont évidemment prises dans le même sens. Toutes, elles désignent la charrette de la *localité*, quel qu'en soit l'emploi. Et, s'il n'est pas possible d'équivoquer sur la *charrette* LOCALE, la *charrette* DU PAYS, pourrait-il en être autrement de la *charrette ordinaire de campagne?*

J'aime à penser, Monsieur, que, dans cette interprétation, fondée sur le sens naturel des termes, et sur la comparaison de nombreux tarifs, qui, bien que d'abord élaborés en divers lieux, ont ensuite passé

---

[1] Voy. *Pièces justificatives*, § 1er, nos 15, 16, 17.

par le même creuset, il y a quelque chose de plus sa-
tisfaisant que dans l'argumentation si laborieusement
déduite des lois sur la police du roulage. Les tarifs
de péage doivent être à la portée de toutes les intel-
ligences ; leur entente ne doit pas être l'apanage des
érudits ; dès-lors, il y a lieu de croire qu'on aura
voulu laisser aux mots leur valeur. Le tarif du Port-
de-Pascau n'est venu qu'après bien d'autres qui lui
serviraient, au besoin, de commentaire.

Vous me faites savoir, Monsieur, qu'au Port-
Sainte-Marie, à Tonneins, à La Réole, à Langon, la
charrette ordinaire de campagne paie, dans tous les cas,
la même taxe, et qu'elle n'est pas considérée comme
voiture de roulage, alors même qu'elle est employée
à d'autres usages qu'aux besoins de l'agriculture. [1]

L'application que reçoivent les tarifs de ces quatre
ponts doit être d'un grand poids contre la prétention des concessionnaires de celui du Port-de-Pascau,
car je me suis convaincu que, dans ce dernier tarif,
le sens des mêmes termes n'est pas autrement déter-
miné que dans les autres, et que même le tarif du
Port-Sainte-Marie est identique avec celui du Port-
de-Pascau.

Ce que vous me dites aussi de l'interprétation que
reçoit le tarif du pont de Bordeaux, mérite d'être
remarqué. [2] Ce sont les *Administrateurs* mêmes du
pont, c'est-à-dire, les parties intéressées, qui ont
fourni à M. le maire de Bordeaux le document qu'il
a adressé à M. le maire d'Aiguillon. Or, on y voit
que, s'il y est question de la législation du roulage,
(parce que ses principes étroits doivent être chers
aux administrateurs d'un pont), cette législation
n'est pas, cependant, rigoureusement appliquée,
puisque la taxe des charrettes de campagne n'est pas

---

[1] Voy. *Pièces justificatives*, § 2e, nos 1, 2, 3, 4.
[2] Voy. *Pièces justificatives*, § 2e, no 5.

2

limitée aux circonstances où elles servent aux rela‑
tions obligées de la ferme aux champs et des champs
à la ferme; puisque les charrettes même de la ville
sont assimilées, pour la taxe, aux charrettes de cam‑
pagne, alors même qu'elles sont employées à des
usages entièrement étrangers à l'agriculture; puisque
ces charrettes de la ville et de la campagne ne subis‑
sent la taxe des voitures de roulage que lorsqu'il en
est fait usage pour une véritable entreprise de rou‑
lage, c'est-à-dire, pour des *transports à de longues
distances de marchandises destinées au commerce* AUTRES
QUE LES DENRÉES DU PAYS. On conçoit cette application
tion du tarif; car, on peut loyalement soutenir qu'il
ne serait pas convenable de sacrifier l'esprit à la lettre,
et de vouloir éluder la taxe des voitures de roulage en
employant frauduleusement la charrette de campagne
à une véritable entreprise de transports. Mais, du
moins, est-il reconnu que, lorsque la charrette de
campagne n'est pas détournée de sa destination
usuelle, on ne pourrait l'ériger en voiture de rou‑
lage sans violer la lettre du tarif et sans en fausser
l'esprit.

Ce qui est vrai à Bordeaux, à Langon, à La
Réole, à Tonneins, doit l'être, à plus forte raison,
au Port-de-Pascau aussi bien qu'au Port-Sainte-
Marie. Dans ces deux derniers tarifs, en effet, la
nature du chargement, et, par conséquent, l'emploi
de la charrette, sont si peu considérés pour le droit
à percevoir, que la charrette *non chargée* est taxée à
l'égal de la charrette *chargée*, tandis que chacune
d'elles est frappée d'une taxe spéciale dans les quatre
premiers tarifs. Selon les concessionnaires du pont
du Port-de-Pascau, il faudrait dire, au contraire,
que même une charrette de campagne, qui viendrait,
à vide, de l'atelier du charron, ou qui s'y rendrait,
devrait payer la taxe d'une voiture de roulage!

Les ponts dont vous me parlez, Monsieur, exis‑
taient avant celui du Port-de-Pascau. L'ordonnance

du 2 mai 1841, qui a autorisé la construction de ce dernier pont, a ordonné que *l'adjudication en serait passée, au rabais de la durée d'un péage, dont la perception aurait lieu au profit de l'adjudicataire, d'après le tarif fixé par l'ordonnance*. Les prétendants n'ont pas agi en aveugles; chacun a réglé sa soumission sur les charges et sur les avantages; le tarif a été consulté, soigneusement étudié; personne n'a dû penser que, pour les *charrettes ordinaires de campagne*, il serait autrement appliqué que ceux de Tonneins, de La Réole, de Langon, de Bordeaux, et surtout que celui du Port-Sainte-Marie, sur lequel il était littéralement calqué. Bien des prétendants ont pu être réservés dans leurs soumissions, et, par suite, évincés. Or, serait-il juste que, par une exagération du tarif, les concessionnaires se procurassent des bénéfices sur lesquels ils n'ont pas dû compter, et sur lesquels ne comptaient pas davantage ceux qui, avec un tarif entendu comme on le voudrait, auraient peut-être fait au public de meilleures conditions? Ce n'est pas, Monsieur, que, dans ma pensée, l'exagération du tarif, sur le point qui nous occupe, soit favorable aux concessionnaires; mais ils croient y trouver un avantage, et cet avantage ne saurait être légitime.

Un dernier mot, Monsieur, et je finis sur cette question. — Si j'avais voulu prendre pour règle la loi du 7 ventôse et son étroite exception; si j'avais voulu désigner les charrettes exclusivement employées à la culture des terres, au transport des récoltes et à l'exploitation des fermes, aurais-je vu l'expression fidèle de ma pensée dans la dénomination de *charrette ordinaire de campagne* et dans bien d'autres que j'ai souvent rappelées? Je me suis proposé cette question. Si vous vous la proposiez, Monsieur, si d'autres personnes éclairées se la proposaient aussi, et que chacun trouvât, comme moi, dans sa conviction, une réponse négative, il ne serait guère naturel de penser que, pour le sens qu'on leur prête, le rédacteur éclairé du tarif les eût jugées suffisantes, surtout si l'on considère que, dans vingt autres tarifs, les mêmes termes avaient été pris dans un sens différent, et que partout étaient clairement désignées les charrettes employées au transport des engrais et à la rentrée des récoltes.

Aussi, quelle que soit la loyauté des concessionnaires, que je n'ai pas l'honneur de connaître, je ne puis voir, *en fait*, qu'une exaction dans la perception dont vous vous plaignez.

C'est aux tribunaux, Monsieur, et non à l'administration, qu'il appartient de la réprimer. Les droits de péage ne sont en effet que des contributions indirectes [1], et, en cette matière, toutes les contestations sont du ressort des tribunaux. [2]

Par application de ce principe, une ordonnance du Roi, du 25 mars 1818, relative au pont de Milhau, sur le Tarn, dispose que *les contestations relatives à l'application et à la quotité des droits seront jugées suivant les règles établies pour la perception des droits d'octroi*, et on sait qu'aux termes de la loi du 2 vendémiaire an 8, les contestations civiles qui s'élèvent sur l'application du tarif ou sur la quotité des droits exigés par les receveurs des octrois, sont jugées par le juge-de-paix, soit en dernier ressort, soit à la charge d'appel, suivant la quotité de la somme. On sait aussi que, suivant la quotité de la somme, les amendes, en matière d'octroi, sont prononcées par les tribunaux de simple police ou de police correctionnelle.

Outre ces principes généraux qui déterminent clai-

[1] V. Merlin, *Répertoire de jurisprudence;* Vº *Péage*, § 2ᵉ, nº 8.
[2] Voy. Loi du 7 septembre 1790, art 2; — et Merlin, *Répertoire de jurisprudence*, Vº *Contributions publiques*, § 1ᵉʳ, nº 3.

rement la compétence, il existe une loi spéciale, celle
du 6 frimaire an 7. Je ne saurais mieux faire que de
vous donner ici le texte des articles 52, 53 et 54 :

« 52. — Il est expressément défendu aux adjudi-
« cataires, mariniers et autres personnes employées
« au service des bacs et bateaux, d'exiger, dans aucun
« temps, autres et plus fortes sommes que celles
« portées aux tarifs, à peine d'être condamnés par
« le juge-de-paix du canton, soit sur la réquisition
« des parties plaignantes, soit sur celle des commis-
« saires du Directoire, à la restitution des sommes
« indûment perçues, et, en outre, par forme de
« simple police, à une amende qui ne pourra être
« moindre de la valeur d'une journée de travail et
« d'un jour d'emprisonnement, ni excéder la valeur
« de trois journées de travail et trois jours d'emprison-
« nement : le jugement de condamnation sera impri-
« mé et affiché aux frais du contrevenant.

« En cas de récidive, la condamnation sera pro-
« noncée par le tribunal de police correctionnelle,
« conformément à l'article 607 du code des délits et
« des peines.

« 53. — Si l'exaction est accompagnée d'injures,
« menaces, violences ou voies de fait, les prévenus
« seront traduits devant le tribunal de police correc-
« tionnelle ; et, en cas de conviction, condamnés,
« outre les réparations civiles et dommages et inté-
« rêts, à une amende qui pourra être de cent francs,
« et un emprisonnement qui ne pourra excéder trois
« mois.

« 54. — Les adjudicataires seront, dans tous les
« cas, civilement responsables des restitutions, dom-
« mages et intérêts, amendes et condamnations pé-
« cuniaires prononcées contre leurs préposés et ma-
« riniers. »

Cette loi ne parle, il est vrai, que des tarifs des
droits à percevoir au passage des bacs et bateaux ;

mais, par identité de raison, elle a été appliquée aux droits de péage des ponts. [1]

Pour déplacer la compétence, les concessionnaires et leurs préposés prétendraient vainement que les tribunaux n'ont pas le droit d'interpréter les actes administratifs, et qu'ils doivent, par suite, renvoyer à l'administration dès qu'il y a question sur le sens d'un article de l'ordonnance du 2 mai 1841.

Le droit de prononcer sur les contestations relatives à l'application des tarifs emporte évidemment celui de juger du sens des actes qui les ont établis. Les principes qui régissent les autres matières, si on les appliquait à celle-ci, auraient pour conséquence de retirer, au mépris de la loi, toute compétence aux autorités judiciaires ; car les tarifs sont presque tous établis, réglés par des ordonnances royales ; ils constituent par eux-mêmes des actes administratifs, et les tribunaux ne peuvent juger les débats qu'ils suscitent sans intervenir dans l'appréciation des actes eux-mêmes, ne fût-ce que pour les interpréter, et, par conséquent, sans entrer dans le domaine administratif. Dans la prétention des concessionnaires il n'y aurait pas seulement violation des lois spéciales ; il y aurait encore violation du principe général reproduit par l'article dernier de chaque loi de finances, qui, tout en laissant la provision à l'administration, place toujours dans le domaine des tribunaux l'action en répétition de toute perception illégale. [2]

C'est ainsi que par le Conseil d'État, en matière d'octroi, il a été décidé le 10 mars 1843, dans l'af-

---

[1] Voyez deux Arrêts de la cour de cassation du 26 août 1826 et du 23 août 1839. — Voy. aussi Cormenin, *Loc. cit.*, pag. 485.

[2] Voyez dans le Recueil des continuateurs de Sirey, (tom. 43, 2me partie, pag. 302), une consultation délibérée par M. Vivien, ancien garde-des-sceaux, sur laquelle a été rendue l'ordonnance ci-après du 10 mars 1843. — Le même principe a été reconnu dans l'ordonnance du Roi en Conseil d'Etat, du 4 septembre 1841.

faire Chartier, conformément à une jurisprudence constante, que les contestations sur l'application des tarifs d'octroi sont de la compétence des tribunaux, alors même que la prétention du demandeur serait en opposition directe avec quelques-unes des dispositions approbatives du tarif de l'octroi.

La raison de décider est la même pour les tarifs des droits à percevoir au passage des bacs et des ponts. Aussi précédemment, et suivant ordonnance du 5 février 1841, le même principe avait-il été consacré par le Conseil d'Etat dans une question relative au tarif du pont de Rabastens; les concessionnaires concluaient, devant le Conseil d'Etat, à l'interprétation d'une disposition du tarif; et il fut décidé que, pour ce, les tribunaux seuls étaient compétents.

Pour ce qui est de la compétence personnelle, elle est déterminée par l'art. 139 du code d'instruction criminelle; et, dès lors, si le bureau de perception est sur la rive gauche de la Garonne, le juge de paix compétent est celui de Damazan. Les articles 32 et 33 de la loi du 6 frimaire an 7 ne sont applicables qu'au cas où les passages sont communs à deux départements limitrophes.

Après avoir satisfait à la demande des concessionnaires ou de leurs préposés, les propriétaires ou les bouviers qui auront payé la taxe illégalement exigée, pourront donc provoquer, par une plainte, l'action de la partie publique, ou porter eux-mêmes leur action en restitution devant M. le juge de paix, pris à leur choix comme juge civil ou comme juge de police.

La demande serait purement civile, s'il était question de statuer sur la qualité du passant et sur une exemption réclamée à raison de cette qualité [1]. Mais

---

[1] Voy. Arrêt de la cour de cassation, du 26 août 1826; — et Cormenin, *Loc. cit.*, pag. 485, note 6.

la double action est ouverte toutes les fois que la difficulté ne porte, comme dans l'espèce, que sur l'interprétation du tarif. Le motif de la différence est pris de ce que le péager peut errer quand il s'agit d'un point de fait, tandis que personne n'est censé ignorer la loi ; or, pour le péager, la loi c'est le tarif auquel il est tenu de se conformer.

Pour s'affranchir de la peine portée par la loi du 6 frimaire an 7, les péagers ne pourraient même exciper de leur bonne foi ; car aucune excuse ne peut être admise par les tribunaux, si elle n'est établie par la loi [1] ; et, en matière de simple contravention, l'excuse tirée de la bonne foi n'est jamais admissible. C'est un principe constant dont la Cour de Cassation a fait mille fois l'application, et notamment dans son arrêt du 23 août 1839, en cassant le jugement du tribunal de simple police du Port-Sainte-Marie qui avait jugé le contraire.

Si je m'aperçois un peu tard, Monsieur, de la longueur de ma lettre, n'en accusez que mon désir de vous être agréable et de répondre, autant qu'il est en moi, à votre honorable confiance.

Agréez, etc.

P. S. Avant de clore ma lettre, j'ai voulu consulter le tarif du pont d'Agen, et m'enquérir auprès du fermier de l'interprétation qu'il recevait. J'ai le plaisir de vous apprendre que les mots *charrette ordinaire ou de campagne* y sont entendus dans le sens de la solution que je vous donne, et que le tarif est ainsi appliqué de l'avis de M. le Directeur des Contributions indirectes. Seulement, m'a dit le fermier, si la charrette était frauduleusement détournée de son usage habituel, et si elle était employée à une entreprise de transports, la taxe des voitures de roulage serait perçue, sans égard à la forme de la charrette. [2]

---

[1] Voy. Code pénal, art. 65.
[2] Voy. *Pièces justificatives*, § 1er, n° 24.

PIÈCES JUSTIFICATIVES.

§ Iᵉʳ.

Extrait des tarifs de divers ponts, avec indication des lois et des ordonnances royales qui les ont établis.

N° 1.

Pont de Bordeaux. — *Loi du* 10 *avril* 1818.

26. Charrette ordinaire ou de campagne, attelée d'un seul cheval ou mulet, compris le conducteur . . . . »ᶠ 75ᶜ
27. *Idem* attelée d'une paire de bœufs, conducteur compris. » 75
28. *Idem* attelée de deux chevaux ou mulets, con-
ducteur compris . . . . 1 »
29. *Idem* attelée de deux paires de bœufs, conducteur compris 1 25
30. *Idem* attelée de trois chevaux ou mulets, conducteur compris. 1 25
34. Voiture de roulage à deux roues, à un et à deux chevaux, conducteur compris. 2 50
35. *Idem* à trois chevaux, conducteur compris . . 3 80
36. *Idem* à quatre chevaux, conducteur compris . 4 75
37. Chariot de roulage à quatre roues, etc.. . . .
41. Il sera payé pour chaque cheval ou mulet, paire de bœufs, âne ou ânesse, attelés et ex-
cédant le nombre porté dans les articles pré-
cédents, savoir : etc.

Le tarif du pont de Langon (*Ordonnance du* 19 *octobre* 1828) est conforme à celui du pont de Bordeaux.

N° 2.

PONT DE SAINTE-FOY (Gironde). — *Ordonnance du 28 août 1827.*

Voitures particulières suspendues. . . . .
Voitures particulières non suspendues. . . . . . .
Voitures et chariots de roulage et de marchand ,
   chargés ou non.. . . . .
Charrettes ordinaires de campagne , servant à l'a-
   griculture et aux charretiers de la ville et du
   port . . . .

Le tarif du pont de Castillon (Gironde) (*Ordonnance du* 22 *novembre* 1832) est conforme à celui du pont de Sainte-Foy.

N° 3.

PONT DE LAUBARDEMONT (Gironde). — *Ordonnance du* 13 *mars* 1828.

Charrette ordinaire ou de campagne , attelée d'un
   seul cheval ou mulet , le conducteur compris. . 0^t 25^c
Charrette ordinaire ou de campagne , attelée d'une
   paire de bœufs , le conducteur compris. . . . . » 25
Idem attelée de deux chevaux ou mulets. . . . . . » 30
Idem attelée de deux paires de bœufs. . . . . . . » 45
Idem attelée de trois chevaux ou mulets . . . . . . » 45
Idem attelée d'un âne ou d'une ânesse. . . . . . . » 10
Voiture de roulage à deux roues, à un cheval, le
   conducteur compris. . . . . » 60
Idem à deux chevaux. . . . . 1 »
Idem à trois chevaux 1 25
Idem à quatre chevaux 1 50
Chariot de roulage , etc.

Il ne sera payé que la moitié du droit pour les bestiaux allant au pâturage ou employés au labour, ainsi que pour les voitures servant au transport des récoltes et des engrais.

Le tarif du pont de Guitres (Gironde) (*Ordonnance du*

13 *mars* 1828) est conforme à celui du pont de Laubardemont.

N° 4.

PONT DE LA BARTHE (Gironde). — *Ordonnance du 13 août 1828.*

Charrette ordinaire ou de campagne, attelée d'un
seul cheval ou mulet, y compris le conducteur. » f 25 c

Idem, attelée d'une paire de bœufs, conducteur
compris. . . . . » 25

Idem, attelée de deux chevaux ou mulets, conducteur compris . . . . » 30

Idem, attelée de deux paires de bœufs ou vaches,
conducteur compris. . . . . » 45

Idem, attelée de trois chevaux ou mulets, conducteur compris . . . . » 45

Idem, attelée d'un âne ou d'une ânesse, conducteur compris . . . . » 10

Voitures de roulage à deux roues, à un et à deux
chevaux, conducteur compris . . . . 1 »

Idem, à trois chevaux, conducteur compris. . . . 1 25

Idem, à quatre chevaux, conducteur compris . . 1 50

Chariot de roulage à quatre roues, etc. . . . . . .

Lorsque les charrettes ordinaires de campagne seront chargées d'engrais pour les terres, ou transporteront des gerbes de blé ou de foin en rame, depuis les champs ou les prés jusqu'à la ferme, dans les communes où se trouvera construit le pont, elles ne paieront, pour l'aller et le retour, conducteur compris, que 0 fr. 10 c.

N° 5.

PONT DE PÉRIGUEUX. — *Ordonnance du 8 mai* 1831.

Voitures particulières non suspendues :

Par voiture à deux roues, etc. . . . .

Par voiture à quatre roues. . . . .

Voitures et chariots de roulage et de marchands,
chargés ou non.

Par voiture à deux roues . . . .
Par voiture à quatre roues . . . .

Charrettes servant à l'agriculture :

Par charrette, chargée ou non, attelée de deux
    bœufs, deux chevaux ou mulets . . . . »ᵉ 20ᶜ
Idem, de deux ânes . . . . » 15

N° 6.

PONT DE MONTPONT (Dordogne). — *Ordonnance*
du 14 octobre 1831.

Charrette ordinaire ou de campagne, attelée d'une
    paire de bœufs, le conducteur compris. . . . . »ᶠ 25ᶜ
Idem, attelée de deux chevaux ou mulets. . . . . » 30
Idem, attelée de deux paires de bœufs . . . . . . » 45
Idem, attelée de trois chevaux ou mulets. . . . . » 45
Idem, d'un âne ou d'une ânesse. . . . . » 10
Voiture de roulage à deux roues, à un cheval, le
    conducteur compris . . . . » 60
Idem, à deux chevaux, le conducteur compris . . 1 »
Idem, à trois chevaux, le conducteur compris. . . 1 25
Idem, à quatre chevaux, le conducteur compris . 1 50
    Il ne sera payé que la moitié du droit pour les bestiaux
allant au pâturage ou employés au labour, ainsi que
pour les voitures servant au transport des récoltes et des
engrais.

N° 7.

PONT DE CLAIRAC. — *Ordonnance du 29 novembre 1831.*

Voiture particulière suspendue . . . .
Voiture non suspendue . . . .

Voitures et chariots de roulage ou de marchand,
 chargés ou non. . . . .
Charrettes ordinaires de campagne, servant à l'a-
 griculture et aux charretiers de la ville. . . . . .

Les tarifs des ponts de Libos, Penne, Marmande, Fumel,
Vianne (*Ordonnances du 5 avril* 1833, 29 *octobre* 1833 et
21 *mai* 1834, 19 *mai* 1834, 22 *juillet* 1834, 29 *avril* 1840)
sont conformes à celui du pont de Clairac.

N° 8.

Pont de Vic-le-Comte (Puy-de-Dôme). — *Ordonnance
du* 11 *décembre* 1831.

Une charrette chargée, ou char ordinaire ou de
 campagne chargé, y compris le conducteur,
 attelé d'un cheval, mulet ou deux bœufs . . . » ^{f} 20^c
Idem, à vide. . . . .'. . . . . » 15
Idem, de deux chevaux, mulets, ou quatre bœufs. » 30
Le même, à vide . . . . » 20
Idem, de trois chevaux, mulets ou six bœufs . . . » 55
Une voiture de roulage à deux ou quatre roues, à
 un cheval, y compris le conducteur . . . . . . » 50
A deux chevaux. . . . . » 80
A trois chevaux . . . . 1 »
A quatre chevaux. 1 25
Pour le passage d'une charrette employée au trans-
 port des engrais, ou à la rentrée des récoltes, le
 cheval ou deux bœufs et le conducteur. . . . . » 10
La même, attelée seulement d'un âne ou d'une
 ânesse . . . . » 05

N° 9.

Pont de Tonneins. — *Ordonnance du* 19 *avril* 1832.

9. Charrette ordinaire ou de campagne, à deux roues,
 non chargée. . . . . 0^f 15^c
Idem, chargée. . . . . » 20

11. Voiture de roulage, à deux roues, non
chargée. . . . . » 75
Idem, chargée. . . . . 1 »

N° 10.

PONT DE SAINT-JEAN-DE-BLAGNAC (Gironde). — *Ordonnance du* 18 *septembre* 1832.

Voitures de campagne, non suspendues, employées
au transport des engrais ou à la rentrée des récoltes.. . . . .
Voitures ou chariots de roulage ou de marchand..

[N° 11.

PONT DE RABASTENS (Tarn). — *Ordonnance du* 24 *octo-bre* 1832.

Charrette de campagne, chargée, attelée d'un
cheval, deux bœufs et le conducteur. . . . . . . »^{f} 50^c
Idem, attelée de deux chevaux ou mulets, ou
quatre bœufs et le conducteur. . . . . » 75
Charrette attelée de trois chevaux ou mulets, ou
six bœufs et le conducteur. . . . . 1 »
Idem à vide, attelée d'un cheval ou mulet, ou
deux bœufs et le conducteur. . . . . » 30
Idem employée au transport des engrais ou à la
rentrée des récoltes, attelée d'un cheval ou mulet,
ou deux bœufs et le conducteur, chargée ou non.. » 15
Chaque cheval ou paire de bœufs en sus du
nombre indiqué ci-dessus. . . . . » 10
Charrette, à deux roues, de roulage ou de marchand, chargée, attelée d'un cheval ou mulet et
le conducteur. » 75
Idem, à vide. » 40
Chariot de roulage ou de marchand, à deux roues,
chargé, attelé d'un cheval ou mulet, et le conducteur. . . . . 1 »
Idem, à vide, *idem*. . . . . » 60

Chaque cheval en sus , pour les attelages ci-dessus , chargé. . . . . » 40

Idem, à vide. . . . . » 25

N° 12.

PONT DU PORT-SAINTE-MARIE. — *Ordonnance du 26 mai 1833.*

Voitures et chariots de roulage et de marchands, chargés ou non.

48. Charrette, attelée d'un cheval. . . . . »f 85c
49.   *Idem,*   de deux chevaux. . . . . » 95
50.   *Idem,*   de trois chevaux. 1 05
51.   *Idem,*   de quatre chevaux. 1 15
52. Voiture à quatre roues et à un cheval. 1 10
53.   *Idem,*   à deux chevaux.. . . 1 20
54.   *Idem,*   à trois chevaux. . . . 1 30
55.   *Idem,*   à quatre chevaux. . 1 40
56. Chaque cheval, en sus, attelé ou non. . . . . » 10

Charrettes ordinaires de campagne.

57. Charrette, chargée ou non, attelée d'un âne ou d'une ânesse. . . . . » 20
58. *Idem*, de deux ânes ou deux ânesses. . . . . » 25
59. *Idem*, un cheval ou un mulet. . . . . » 25
60. *Idem*, deux chevaux ou deux mulets. . . . . . » 35
61. *Idem*, deux bœufs ou deux vaches. . . . . . . » 35
62. Chaque cheval, mulet ou bœuf en sus. . . . . » 10

N° 13.

PONT DE JUIGNÉ, (sur la Mayenne). — *Ordonnance du 25 septembre 1833.*

25. Charrette ordinaire ou de campagne, à un che-val ou mulet, conducteur compris. . . . . . »f 30c

26. *Idem*, attelée d'une paire de bœufs, *idem*. . . » 30
27. *Idem*, attelée de deux chevaux ou mulets, *idem*. » 40
28. *Idem*, attelée de deux paires de bœufs ou de trois chevaux ou mulets, *idem*. . . . . » 50
29. *Idem*, attelée d'un âne ou ânesse, *idem*. . . . » 10
30. Voiture de roulage, à deux roues, à un cheval, conducteur compris. . . . . . • . . . . . » 30
31. *Idem*, à deux chevaux, *idem*. . . . . » 60
32. *Idem*, à trois chevaux, *idem*. . . . . . . ٮ . . 1 »
33. *Idem*, à quatre chevaux, *idem*. 1 25
34. Chariot de roulage, etc.

Les droits seront réduits à moitié pour les bestiaux allant au pâturage ou employés au labour, ainsi que pour les voitures servant au transport des récoltes et des engrais.

N° 14.

PONT DE LA RÉOLE. — *Ordonnance du* 28 *janvier* 1834.

Charrette ordinaire ou de campagne, attelée d'un cheval ou mulet, compris le conducteur. . . . . »ᶠ 65ᶜ
Idem, attelée d'une paire de bœufs. . . . . . » 65
Une charrette ordinaire ou de campagne, attelée de deux chevaux ou mulets, compris le conducteur. » 80
Idem, attelée de deux paires de bœufs. . . . 1 15
Idem, attelée de trois chevaux ou mulets. . . 1 15
Idem, à vide, attelée d'un seul cheval ou de deux bœufs.. . . . . » 40
Voiture de roulage, à deux roues, à un et deux chevaux, conducteur compris. 2 50
Idem, à trois chevaux, *idem*. 3 80
Idem, à quatre chevaux, *idem*. 4 75
Chariot de roulage, à quatre roues, etc.

N° 15.

PONT DE SAINT-PERREUX (Morbihan). — *Ordonnance du* 8 *juin* 1834.

Pour le passage :

D'une charrette de marchand ou roulier, etc.

Pour le passage :

D'une charrette du pays, autre que celles employées à la rentrée des récoltes ou au transport des engrais, etc.

Pour le passage :

D'une charrette chargée, employée au transport des engrais ou à la rentrée des récoltes, etc.

Le tarif du pont de Guipry (Ile-et-Vilaine) (*Ordonnance du 24 juillet* 1835) est conforme à celui du pont de Saint-Perreux.

N° 16.

PONT DE CUBZAC. — *Ordonnance du 6 juillet* 1835.

Charrette locale, chargée pour l'exploitation agricole, etc.

N° 17.

PONT DE MONTFRIN (Gard). — *Ordonnance du 23 août* 1835.

Charrette de roulage, etc.
Charrette ordinaire du pays, etc.
Charrette employée au transport des engrais et à la rentrée des récoltes, etc.

N° 18.

PONT DE BELLEPERCHE (Tarn-et-Garonne). — *Ordonnance du 26 juin* 1839.

Pour une charrette ordinaire de campagne, à deux roues ou chariot de ferme, à quatre roues, chargée, attelée d'un seul cheval ou mulet, ou deux bœufs, conducteur compris. . . . . .1^f » ^{c}
Par cheval, mulet ou paire de bœufs en sus. . . » 50

Charrette ou chariot, comme ci-dessus, à vide. » 60
Par cheval, mulet ou paire de bœufs en sus. . . » 30
Pour une charrette ou chariot de ferme, chargé,
employé au transport des engrais ou à la rentrée
des récoltes, le cheval ou deux bœufs, et le con-
ducteur compris. . . . . » 50
Chaque cheval ou mulet ou paire de bœufs
en sus. . . . . » 25
Même charrette ou chariot, à vide. . . . . » 30
Cheval, mulet ou paire de bœufs en sus. . . . » 15
Pour charrette ou chariot de roulage, chargé,
attelé d'un cheval ou d'un mulet, conducteur
compris. 1 50
Par cheval ou mulet en sus. . . . . 1 »
Charrette ou chariot de roulage, non chargé,
attelé d'un cheval ou d'un mulet, conducteur
compris. . . . . 1 »
Chaque cheval ou mulet en sus. . . . . » 50

N° 19.

PONT DE SAINT-DENIS-DE-PILE (Gironde). — *Ordonnance du 19 juillet* 1840.

Voiture de campagne, non suspendue, à deux roues,
.... employée au transport des engrais ou à la rentrée
des récoltes, etc.

N° 20.

PONT DU PORT-DE-PASCAU. — *Ordonnance du 2 mai* 1841.

Voitures de roulage et de marchand, chargées ou non chargées.

47. A deux roues, attelée d'un cheval. 0f 85c
48. A deux roues, attelée de deux chevaux. . . . « 95
49. A deux roues, attelée de trois chevaux. . . . 1 05
50. A deux roues, attelée de quatre chevaux . . . 1 15
51. A quatre roues, attelée d'un cheval. 1 10

52. A quatre roues, attelée de deux chevaux. . . 1 20
53. A quatre roues, attelée de trois chevaux. . . 1 30
54. A quatre roues, attelée de quatre chevaux. . 1 40
55. Chaque cheval en sus, attelé ou non. . . . . « 20

Charrette ordinaire de campagne chargée ou non chargée.

56. Attelée d'un âne ou d'une ânesse. 0ᶠ 20ᶜ
57. Attelée de deux ânes ou de deux ânesses. . . « 25
58. Attelée d'un cheval ou mulet. . . . . « 25
59. Attelée de deux chevaux ou mulets. . . . . . « 35
60. Attelée d'une paire de bœufs ou vaches. . . . . « 25
61. Attelée de deux paires de bœufs ou vaches. . « 35
62. Chaque cheval, mulet, paire de bœufs ou vaches en sus. . . . . « 10
Les conducteurs des voitures et charrettes quelconques
ne paieront point la taxe de l'article 1ᵉʳ.

———

Nᵒ 21.

PONT DE VERDUN (Tarn - et - Garonne.) — *Ordonnance*
du 2 mai 1841.

16. Pour charrette ordinaire de campagne à deux
roues ou chariot de ferme à quatre roues,
chargé, attelé d'un cheval, d'un mulet ou de
deux bœufs, conducteur compris. . . . . 1ᶠ «ᶜ
17. Par cheval, mulet ou paire de bœufs en sus. . « 50
18. Pour une charrette ou chariot comme ci-des-
dessus, à vide. . . . . « 60
19. Par cheval, mulet, ou paire de bœufs en sus. « 30
20. Pour charrette chargée ou non chargée, attelée seulement d'un âne ou d'une ânesse. . . . . « 25
21. Pour une ânesse de plus. . . . . « 10
22. Pour charrette ou chariot de ferme chargé,
employé au transport des engrais ou à la
rentrée des récoltes, attelé d'un cheval ou
mulet, ou de deux bœufs, le conducteur compris. . . . . « 50
23. Par cheval, mulet ou paire de bœufs en sus. . « 25
24. Même charrette ou chariot à vide. . . . . . . « 30

25. Par cheval, mulet ou paire de bœufs en sus. . « 15
26· Pour charrette ou chariot de roulage chargé,
    attelé d'un cheval ou d'un mulet, conducteur
    compris. 1 50
27. Par chaque cheval ou mulet de plus. . . . . 1 «
28. Pour charrette ou chariot de roulage non
    chargé, attelé d'un cheval ou mulet, conduc-
    teur compris. . . . . 1 «
29. Pour chaque cheval ou mulet en sus. . . . . « 50

N° 22.

PONT DE NOGENT-L'ARTAUD (Aisne.) — *Ordonnance
du 11 mars 1842.*

Charrette chargée, attelée d'un cheval ou mulet,
ou bœuf, et le conducteur. 0ᶠ 20ᶜ
    Charrette chargée, attelée de deux chevaux ou
mulets ou bœufs, et le conducteur. . . . . « 30
    Charrette chargée, attelée de trois chevaux ou
mulets ou bœufs, et le conducteur. . . . . « 40
    Charrette non chargée, le cheval et le conduc-
teur. . . . . « 10
    Charrette chargée, employée au transport des
engrais ou à la rentrée des récoltes, le cheval ou
deux bœufs et le conducteur. . . . . « 10
    Charrette chargée ou non chargée, attelée seu-
lement d'un âne ou ânesse, et le conducteur. . . « 10
    Chariot de roulage ou de ferme, à quatre roues,
chargé, attelé d'un cheval ou autre bête de trait,
et le conducteur. . . . . « 25
    Chariot à quatre roues, chargé, attelé de deux
chevaux, et le conducteur. . . . . « 40

N° 23.

PONT DE LA TRACHE (sur la Charente.) — *Ordonnance
du 5 août 1842.*

Charrette servant à l'agriculture, attelée de deux
bœufs ou vaches, d'un cheval ou d'un mulet. . . . 0ᶠ 20ᶜ

N° 24.

PONT D'AGEN (Lot-et-Garonne).— *Loi du 5 août* 1821.

Charrette ordinaire ou de campagne, à deux roues,
   non chargée . . . . » f 15 c
Idem, chargée. . . . . » 20
Idem, à quatre roues, non chargée. . . . . » 25
Idem, chargée. . . . . » 35
Voiture de roulage, à deux roues, non chargée . . » 75
Idem, chargée. . . . . 1 »
Idem, à quatre roues, non chargée . . . . 1 »
Idem, chargée 1 25

§ II.

DOCUMENTS DIVERS.

N° 1.

DU PONT DE TONNEINS.

Des renseignements verbalement pris auprès du fermier du pont de Tonneins, et consignés dans une lettre du 28 juillet dernier, il résulte que la taxe des *charrettes ordinaires de campagne* est invariable, quel que soit leur emploi, et que ces charrettes ne sont jamais assimilées aux *voitures de roulage*.

N° 2.

Lettre de M. le Maire de Langon à M. le Maire d'Aiguillon.

Langon, 15 août 1843.

MONSIEUR LE MAIRE,

Les difficultés que soulève l'application du tarif de votre pont, se sont déjà présentées sous diverses formes, depuis l'ouverture de celui qui traverse la Garonne devant Langon, et l'administration municipale s'est trouvée maintes fois dans l'obligation de donner une interprétation qui lui semblait rationnelle devant les prétentions exagérées des préposés.

Ainsi, dans le cas qui vous occupe, et qui fait l'objet de la lettre que vous m'avez fait l'honneur de m'écrire le 14 du courant, la perception du péage s'est attachée à la nature et non à l'emploi de la charrette ordinaire ou de campagne ; et pour vous mettre à même de bien saisir les conditions de tarif que nous adoptons ici à ce sujet, je vais vous transcrire les bases que l'administration a adoptées à Langon :

« Sont considérées comme charrettes ordinaires ou de « campagne toutes les charrettes dites *maringotes*, à un « cheval, appartenant à des propriétaires ou à des mar- « chands de la ville ; — toutes charrettes attelées d'une « paire de bœufs, faisant le service de la ferme ou celui « du transport de toute espèce de marchandises. — Le « tarif est de 75 centimes chargées, et de 55 centimes à « vide, conducteur compris.

« Sont considérées comme voitures de roulage les voi- « tures dites *carrioles*, attelées d'un cheval, et toutes les « autres charrettes consacrées au service des transports « de roulage. »

Voilà, Monsieur et Collègue, les renseignements que je puis vous fournir ; je désire vivement qu'ils répondent à votre désir, et je serai heureux, croyez-le bien, de trouver quelquefois l'occasion de vous être agréable.

Agréez, Monsieur le Maire, etc.

N° 3.

Lettre de M. le Maire de La Réole à M. le Maire d'Aiguillon.

La Réole, 17 août 1843.

MONSIEUR ET CHER COLLÈGUE,

J'ai pris des renseignements sur la manière dont était interprété le tarif de notre pont ; ils ont confirmé pleinement ce que j'avais pu en savoir par moi-même. Ayant des propriétés au-delà de la rivière, mes métayers avaient fait pour moi des transports de diverses natures, sans jamais payer d'autre prix que celui des charrettes ordinaires ou de campagne. — Mais, ce qui est bien plus péremptoire, des charrettes faisant un véritable service de roulage, quoique attelées d'une paire de bœufs, puisqu'elles portent des marchandises de Grignols, telles que résine, cruches, planches, etc., pour l'approvisionnement de nos marchands, n'ont jamais payé que le tarif ordinaire. Ainsi donc, à La Réole, les concessionnaires ont interprété le tarif de la même manière que l'interprètent vos administrés; et jamais, depuis 1835 que notre pont est livré au public, il n'y a eu la plus petite difficulté à cet égard, et c'est la nature de la charrette ou de son attelage qui détermine le prix à payer. Ainsi, dans aucun cas, à La Réole, les charrettes attelées de bœufs n'ont été considérées comme voitures de roulage pour le prix à payer pour le passage du pont.

Agréez, Monsieur et cher collègue, etc.

N° 4.

Lettre de M. le Maire du Port-Sainte-Marie à M. le Maire d'Aiguillon.

Port-Ste-Marie, le 20 août 1843.

MONSIEUR ET CHER COLLÈGUE,

J'ai l'honneur de vous informer, en réponse à votre lettre du 10 de ce mois, que c'est à la nature de la charrette qu'est attachée la modération des droits, et la charrette ordinaire de campagne doit, dès-lors, en jouir quelque soit son emploi.

Cette interprétation du tarif a toujours été suivie pour le pont suspendu sur la Garonne, devant notre ville.

Agréez, Monsieur et cher collègue, etc.

N° 5.

Lettre de M. le Maire de Bordeaux à M. le Maire d'Aiguillon.

Bordeaux, le 24 août 1843.

MONSIEUR LE MAIRE,

Vous m'avez exprimé le désir de connaitre quelle interprétation on a donnée, à Bordeaux, à l'une des dispositions du tarif du pont de cette ville qui, reproduite dans
celui du pont du Port-de-Pascau, a donné lieu à quelques contestations entre le péager et le public.

Entièrement dépourvu de renseignements sur la question que vous êtes appelé à résoudre, j'ai cru devoir
m'adresser à MM. les administrateurs de notre pont pour
obtenir ces renseignements, et je m'empresse de vous
transmettre sous ce pli la note que ces Messieurs m'ont
adressée et qui facilitera, je l'espère, la solution des
difficultés soulevées.

Agréez, Monsieur, etc.

Le tarif du pont de Bordeaux contient cinq articles
relatifs à la charrette ordinaire de campagne, ainsi
conçus :

N° 26. Charrette ordinaire de campagne attelée d'un seul
      cheval ou mulet, conducteur compris. . . » f 75 c
    27. *Idem*, attelée d'une paire de bœufs. . . . » 75
    28. *Idem*, attelée de deux chevaux ou mulets 1 »
    29. *Idem*, *Idem*, de deux paires de bœufs. . . 1 25
    30. *Idem*, *Idem*, de trois chevaux ou mulets . 1 25

Les employés du péage considèrent comme charrette
ordinaire ou de campagne la charrette portant les numé-
ros et l'empreinte des armes de la ville de Bordeaux, et
les charrettes de la localité appartenant aux propriétaires
des communes voisines.

Toutes les fois que ces charrettes transportent des denrées du pays telles que vin, foin, paille, bois à brûler,
etc., et des engrais pour les terres, elles sont considérées
comme charrettes ordinaires ou de campagne, et l'une

des taxes ci-dessus leur est appliquée, selon le nombre de bêtes de trait dont elles sont attelées.

La même chose a encore lieu à l'égard des charrettes de la ville lorsqu'elles se bornent à transporter de Bordeaux à Labastide seulement des marchandises destinées au commerce, autres que les denrées du pays.

Mais, lorsque ces mêmes charrettes et en général toutes celles désignées sous le titre de charrette ordinaire ou de campagne sont employées à des transports à de longues distances, sur les routes, des marchandises destinées au commerce autres que les denrées du pays, et telles que sucre, café, huile, laine, coton, vieux linge pour les papéteries, etc., ces charrettes sont alors considérées et taxées comme charrettes de roulage, et les articles du tarif relatifs à ces véhicules leur sont appliqués.

On ne s'attache donc pas à la nature de la charrette, mais à son emploi; et la même charrette peut être ordinaire ou de campagne, ou voiture de roulage selon la nature de son chargement.

Cette distinction résulte évidemment des lois et réglements sur la police du roulage, et principalement du paragraphe 2 d'un avis de M. le Préfet de la Gironde, en date du 23 février 1839, ainsi conçu:

« Par voiture de roulage on entend toutes celles qui
« transportent sur les grandes routes des objets destinés
« au commerce ou à la consommation, même les voitures
« qui n'appartiennent pas à des voituriers de profession,
« lorsqu'elles font des transports autres que ceux qui ont
« pour objet l'exploitation des terres et l'enlèvement des
« récoltes pour les déposer dans les lieux où elles doivent
« être rassemblées et conservées. »

Pour copie conforme, etc.